Inhalt

Cloud Computing - Ein Hype auf dem Weg zur Umsetzung

Cloud Computing - Ein Hype auf dem Weg zur Umsetzung

Anja Schneider

Kernthesen

- Cloud Computing ist weiterhin ein Trendthema in der IT-Welt. Inzwischen geht es um die konkrete Realisierung und praktische Ausgestaltung.
- IT als Service führt zu Veränderungen bei Software- und Infrastrukturanbietern, beim Partnervertrieb und beim Anwender.
- Die etablierten IT-Anbieter wie Microsoft, SAP, IBM, HP, Dell, Oracle, Cisco etc. bereiten sich auf das Zeitalter des Cloud Computing vor. Konkurrenz machen ihnen Seiteneinsteiger wie Amazon und Google.
- Großkunden und Mittelständler nehmen

mit Bedacht die Umgestaltung ihrer IT in
Angriff.

Beitrag

Cloud Computing landet in der realen Welt

Cloud Computing gilt als einer der wichtigsten
Dauertrends in der IT-Welt. Es ist ein Modewort mit
hoher Medienpräsenz, gespickt mit Erwartungen,
geschürt durch geschicktes Marketing. Im
Consumer-Bereich, also beim privaten Internetnutzer,
hat sich das Cloud Computing schon weitgehend
durchgesetzt. In der Regel werden die Cloud-Speicher
für Fotos, E-Mail, Kalendereinträge oder sonstige
Dateien sogar bis zu einem bestimmten Volumen
gratis angeboten. Die bekanntesten und am meisten
genutzten Clouds sind hier wohl die Telekom-Cloud
und Apples iCloud. In der Business-Welt ist Cloud
Computing noch keineswegs eine
Selbstverständlichkeit. Doch auch hier ist die Wolke
nicht mehr nur ein Hype, sondern hat zur Landung
angesetzt. (1)

Nach einer IDC Studie hatten sich vor drei Jahren
erst 20 Prozent der deutschen Unternehmen mit

Cloud Computing auseinandergesetzt. 2011 waren es schon 85 Prozent. Je besser Virtualisierung, Skalierbarkeit und die flächendeckende Versorgung von Wirtschaft und Gesellschaft mit Breitband-Infrastruktur werden, desto reeller wird der Trend. In den nächsten Jahren wird es immer mehr Unternehmen geben, die ihre gesamte IT aus der Cloud beziehen. (4)

Cloud Computing verändert gleichzeitig bei Software- und Infrastrukturanbietern die Art und Weise, wie sie IT-Lösungen entwickeln, vertreiben, betreiben und aktualisieren. Beim Cloud Computing werden IT-Leistungen bedarfsgerecht und flexibel in Echtzeit als Service über das Internet bereitgestellt und nach Nutzung abgerechnet. IT-Systemhäuser und Vertriebspartner richten ihre Beratungs- und Servicekompetenzen darauf aus. Die Anbieter wählen ihre Geschäftsmodelle und bieten unterschiedliche Varianten von Infrastructure as a service (IaaS), Platform as a Service (PaaS), Software as a service (SaaS) bis Composite as a service (CaaS) an. Die Kunden ziehen Cloud Computing inzwischen immer häufiger gezielt in ihre Überlegungen zur künftigen Ausgestaltung ihrer IT-Struktur mit ein. Der Servicegedanke der IT rückt immer stärker in den Vordergrund. Je nach individuellen Sicherheitsüberlegungen kann zwischen den Liefermodellen Private Cloud, Community Cloud,

Public Cloud oder Hybrid Cloud gewählt werden und die IT-Ressourcen werden maßgeschneidert zusammengestellt. (2), (3)

Mobile Endgeräte wie das iPhone, iPad oder Android-Systeme gelten als Sicherheitsrisiken, vor allem wenn sie privat und betrieblich genutzt werden (Bring Your Own Device). Heute sind allerdings bereits Cloud-basierte Sicherheitslösungen für Smartphones auf dem Markt verfügbar, die eine Nutzung ermöglichen können. (16)

Aktuell werden allerdings noch diverse Fragen zur praktischen Umsetzung des Cloud Computing in Unternehmen diskutiert: Wie kann der IT-Bebauungsplan konkret aussehen? Wie werden Cloud-Lösungen in die vorhandenen IT-Systeme integriert? Wie werden die Datenschutzanforderungen gewährleistet? Wie werden die Qualitätsanforderungen des Kunden im Service sichergestellt? Wie werden die Verantwortlichkeiten zwischen interner IT und IT-Dienstleistung des Cloud-Providers klar gezogen? Wie können die Kunden ihre Organisation auf das Cloud Computing vorbereiten? Wie können Cloud-Lösungen die Anforderungen an Verfügbarkeit und Performance erfüllen? (2), (3)

Warum entscheiden sich immer

mehr Unternehmen für Services aus der Cloud?

Erstens: Um flexibel auf veränderte Marktbedingungen und kurzfristige oder vorübergehende Kapazitätsanforderungen reagieren zu können, ohne dafür von Hardware(beschaffung) abhängig zu sein. Cloud Computing ist elastisch, das heißt IT-Ressourcen können dynamisch reserviert und wieder frei gegeben werden. Damit können die Kunden sehr gut auf Bedarfsschwankungen, wie Gehaltsabrechnungen am Monatsende, rechenintensive Statistiken zum Quartalsende, Umsatzpeak zum Jahresende reagieren.

Zweitens: Um immer auf dem neuesten Stand zu sein. In der Cloud steht immer die neueste Version eines Produkts bereit.

Drittens: Um produktiver sein zu können und sich auf seine umsatz- und gewinnbringenden Geschäftsprozesse zu konzentrieren. Die IT wird zunehmend zum Service. Zeitaufwendige IT-Migrationen mit Ausfallzeiten und Pannen entfallen.

Viertens: Um Geld zu sparen beziehungsweise nur für das zu bezahlen, was wirklich genutzt wird. Die IT verliert zunehmend ihren Charakter als Investitionsausgabe für ein physikalisches Anlagegut. Von Capital Expenditures (CapEx) hin zu Operating

Expenditures (OpEx) lautet die bekannte Devise. Fixe Kosten werden durch flexible Ausgaben ersetzt, seien es monatliche Mietgebühren, Pay-per-use-Modelle, Flatrates oder andere. Cloud Computing bietet neue Möglichkeiten für den Kauf, den Betrieb und die Wartung der IT. (4)

Anbieter - get ready for the cloud!

Jeder etablierte IT-Anbieter ist heute im Cloud Computing unterwegs von Microsoft, SAP, IBM, HP über Dell, Oracle bis Cisco und viele andere. Dabei stehen die Cloud-Strategien nicht mehr nur als Bullet Points in den Powerpoint-Präsentationen, sondern haben als konkrete Produkte die Entwicklerstuben verlassen. Für Software-Anbieter endet die Ära des Lizenzgeschäfts, Hardware-Hersteller werden künftig wenige, große Rechenzentren beliefern. 80 Prozent der neuen, kommerziellen Unternehmensanwendungen werden 2012 auf Cloud-Plattformen eingeführt, das prognostizieren die Analysten von IDC. (5)

Diverse Spezialanbieter und Konzerne wie die Deutsche Telekom (Telekom Cloud sowie Hi-Drive von Tochterunternehmen Strato), Trend Micro (Safe Sync) oder O2 (Alice Smart-Disk) sind bereits im Cloud-Markt aktiv. VMware ist der Marktführer in der Virtualisierungssoftware und Beschleuniger des Cloud Computing. Im Netzwerkmarkt setzt Juniper seine Akzente. SAP ist auf dem Weg zum Cloud-Anbieter, etliche Anwendungen kann der Kunde inzwischen als Cloud-Modell bekommen, so steigen immer mehr Kunden auf das On-Demand-ERP-Paket Business ByDesign um; zum Jahresende hat SAP mit Successfactor einen Anbieter für Human-Capital-Management aus der Cloud gekauft. Auch HP, IBM und Dell arbeiten an cloudfähigen Infrastrukturen, Plattformen und Services, bauen eigene Rechenzentren und steigen ins Beratungsgeschäft mit den Großkunden ein. Cisco zählt zu den Cloud-Providern, nicht zuletzt aufgrund seiner Partnerschaften zu EMC und VMware. Oracle arbeitet an seiner Präsenz in der Cloud-Welt, kaufte unlängst den SaaS-Anbieter Rightnow (ein Anbieter von CRM-on-demand) und stellte Public Cloud vor, ein kompletter Cloud-Stack, den Oracle unter anderem gegen Amazon Web Services, Microsoft (Azure) und Salesforce.com stellt. Salesforce.com gilt als der Pionier im SaaS-Computing und bietet seinen Kunden webbasierte, mandantenfähige CRM-Lösungen über das Internet zur Miete an. Will das Unternehmen allerdings langfristig seine Position halten und auch künftig in der ersten Liga des Social Business mitspielen, muss das Angebot für Unternehmenskunden weiterentwickelt werden. (6), (7), (21)

Noch dominieren die US-amerikanischen Anbieter

und die Telekommunikationsunternehmen. Zu den Protagonisten des Trends zählen schnell wachsende Internetfirmen wie Google, Amazon und Salesforce. Aber auch Unternehmensgründer sehen ihre Chancen im Cloud Computing. Sie entwickeln neue Applikationen und stellen den Kunden ihre Services aus der Wolke bereit. (15)

Partner - hochwertige Beratung und erstklassiger Service gefragter denn je

Für den Channel, also den Partnervertrieb, bringt Cloud Computing weitere Veränderungen mit sich. Cloud Computing setzt endgültig einen Schlussstrich unter die Kistenschieberei, Geld verdient werden kann mehr denn je mit Beratung und Service. Die großen Software- und Infrastrukturanbieter bemühen sich, ihre Partner mit ins Boot zu holen. Die Hersteller, sei es Microsoft, Cisco, EMC, HP oder Dell, setzen für ihre Vertriebspartner Cloud-Spezialisierungsprogramme auf und bieten Zertifizierungen an, die sie in die Lage versetzen, als Reseller, Hersteller und Service Provider bei ihren Kunden tätig zu sein.

Das Marktforschungsinstitut IDC prognostiziert deutliche Veränderungen in den bisherigen IT-

Vertriebsstrukturen aufgrund von Cloud Computing: Innerhalb des gesamten Partnersystems werden neue Vertriebsbeteiligte auftreten wie Cloud-Service-Aggregatoren (CSAs), einschließlich Cloud Broker, die Services verschiedener Anbietern bündeln und als Paket an Unternehmen verkaufen. Auch Service Provider (SP) werden einen erheblichen Anteil am Gewinn innerhalb der Cloud-Wertschöpfungskette für sich beanspruchen. Ihre Rolle wird an Bedeutung gewinnen, da sie zugleich Großabnehmer für Infrastrukturen und technischer Entwicklungspartner mit großer Marktmacht sind. (9)

Fest steht: Die Kunden werden mehr als bisher die Vertrauensfrage stellen. Nur mit dem Partner seines Vertrauens wird der Anwender, sei es Großkunde oder Mittelständler, in das Zeitalter des Cloud Computing einziehen.

Großkunden und Mittelstand: Mit Bedacht ins Cloud Computing

Die großen Konzerne haben in den vergangenen Jahren viel investiert, um leistungsstarke, ausfallsichere IT-Infrastrukturen aufzubauen, die ihre Geschäftsprozesse möglichst gut unterstützen. Die Aussichten, mit Cloud Computing erhebliche Kosteneinsparungen zu realisieren, sind zweifelsohne verlockend. Die IT-Verantwortlichen gehen offen, doch mit der gebotenen Vorsicht ins Zeitalter des Cloud Computing. Bevor laufende Systeme verändert und Daten in die Wolke gegeben werden, müssen entscheidende Fragen geklärt sein. Sensible Unternehmensdaten wie Finanzdaten, Informationen zu Innovationen und Patenten werden keiner Public Cloud anvertraut; hier gilt es unternehmensindividuelle Lösungen, die den Datenschutzanforderungen entsprechen, zu entwickeln - was erhebliche Kosten mit sich bringt. Der Cloud Provider muss sicherstellen, dass Performance und vor allem Verfügbarkeit zu jeder Zeit auf höchstem Niveau sind. Lange Antwortzeiten wird heute kein Kunde akzeptieren und riskieren. Buchungssysteme beispielsweise müssen rasant funktionieren und antworten. Wie sehen die Prozesse aus, wenn es zu Fehlermeldungen und Abstürzen kommt? Wo ist das User Help Desk in der Cloud - und wie teuer ist es? Um von der hohen Flexibilität des Cloud Computing tatsächlich profitieren zu können, muss der Kunde möglichst genau vorhersehen, wann er seine Kapazitäten hoch- bzw. runterfahren muss und die dafür notwendigen Prozesse gut beherrschen. Cloud-Lösungen können heute recht gut als Insellösungen implementiert werden, eine Verzahnung mit Mainframe- und Unix-Applikationen ist jedoch noch nicht möglich. (10)

Auch im Mittelstand setzt die Cloud zur Landung an - allerdings ebenfalls mit Bedacht. Eine Cloud-Studie von Deutsche Bank Research und Techconsult kommt zu dem Ergebnis, dass Ende des vergangenen Jahres nur eine Minderheit der mittelständischen deutschen Unternehmen Cloud-Lösungen im Einsatz hatten. Nicht einmal jeder Zweite der befragten Unternehmer zeigte sich von dem Ergebnis voll überzeugt. Ein Viertel der 200 befragten Unternehmen habe sich die Cloud-Nutzung für das laufende Jahr vorgenommen. (11)

Skepsis im Mittelstand ergab auch die von HP und Techconsult durchgeführte Cloud-Index-Mittelstandsstudie aus dem dritten Quartal 2011. Doch die Bereitschaft, Cloud-basierte Lösungen einzusetzen, nimmt zu. Aufgefallen ist, dass für 34 Prozent der Befragten der Einsatz von Cloud Computing in ihren Unternehmen nützlich bzw. sehr nützlich sei, doch weniger als die Hälfte dieser Befragten hatte bereits konkrete Cloud-Projekte im Einsatz. Dieses Ergebnis zeigt, wie groß die Erwartungen an das Cloud-Computing sind. Doch noch muss es unter Beweis stellen, dass die versprochene Flexibilität tatsächlich gewährleistet wird und dass die Kosteneinsparungen (angesichts sinkender IT-Budgets bedeutsam!) die zusätzlichen Kosten für Implementierung und Schulungen übertreffen. (12)

Mittelstandskunden nähern sich dem Thema bevorzugt mit der Private Cloud. Sie wird explizit nur für die eigene Organisation betrieben und ist nur deren Mitarbeitern zugänglich. Die Private Cloud entsteht meist durch den Einsatz von Cloud Technologien in existierenden unternehmenseigenen Rechenzentren. Doch in der Private Cloud mit ihren meist geringen Nutzerzahlen kommen die positiven Effekte, die das Cloud Computing verspricht, nicht so deutlich zum Tragen. Skaleneffekte und Kosteneinsparungen sind hier nur in geringem Umfang zu erwarten. Mittelfristig ist es sinnvoll, die Private Cloud durch Public Cloud Services zu ergänzen und so die Vorteile der entstehenden Hybrid Cloud zu nutzen. Dieses hybride Modell ist insbesondere für Mittelständler interessant, die Vorbehalte haben, ihre Daten der abstrakten Cloud preiszugeben. So wollen beispielsweise innovative mittelständische deutsche Maschinenbauer sämtliche Daten rund um ihre Fertigungsprozesse in absoluter Sicherheit wissen, denn zu real ist die Bedrohung durch Industriespionage und Cyberwar. Datensicherheit der Intellectual Property und Privatatmosphäre haben hier absoluten Vorrang; die mission-critical-Daten werden nicht in eine Public Cloud verlegt. Andere Applikationen hingegen, die die Geschäftsprozesse begleiten wie beispielsweise Exchange oder CRM will der Maschinenbauer gerne aus der Cloud nutzen. Diese Mischung von unterschiedlichen Cloud Typen wird als Hybrid Cloud Computing bezeichnet. (2)

Sicherheitsbedenken sind noch nicht ausgeräumt

Cloud Computing rührt an fundamentale Fragen des Datenschutzes. Hier sind noch längst nicht alle Bedenken ausgeräumt. Kein Kunde will seine Daten auf einem Server irgendwo in der Wolke des Internetgebildes abgelegt wissen, der Schlupflöcher für Wirtschaftsspionage lässt. Besonders ernst wird es, wenn Daten (personenbezogen oder firmenintern) die Landesgrenzen überschreiten und etwa von Europa in die USA gelangen. Hier kommen die Unterschiede in der amerikanischen und europäischen Rechtsordnung deutlich zum Vorschein. Dies zeigt der aktuelle Streit um den Patriot Act, der amerikanischen Behörden das Recht einräumt, unter bestimmten Umständen in der Cloud gespeicherte Kundendaten einsehen zu dürfen. Dieses Recht erstreckt sich auch auf die europäischen Tochtergesellschaften von US-Firmen. Entscheidend ist nicht der Speicherort, sondern der Sitz der Muttergesellschaft. (13)

Trends

Zu den Trendthemen in der aktuellen IT-Welt zählen neben Cloud Computing, Mobility, Big Data und Social Media bzw. Social Business. Die Analysten von IDC erwarten, dass diese Technologien von heute bis zum Jahr 2020 für mindesten 80 Prozent des Wachstums bei den IT-Ausgaben verantwortlich sein werden. (5)

Fallbeispiele

Amazon

Einen Kick versetzte Amazon dem Cloud Computing, als es nach einer Lösung suchte, seine rasant wachsenden Nutzerzahlen zu Spitzenzeiten wie dem Weihnachtsgeschäft (2006 war die Spitzenlast um den Faktor 10 höher als die Grundlast im Tagesgeschäft!) zu bewältigen. Zusätzliche Infrastruktur und Services wurden angeschafft, doch außerhalb der Spitzenlastzeiten gab es Überkapazitäten. Amazon entschied sich, diese als Produkt nach draußen zu verkaufen. Heute bietet Amazon Web Services (AWS) eine reichhaltige Palette an Dienstleistungen, von IaaS (Amazon Elastic Compute Cloud) über

Datenbanken bis hin zu Netzwerk- und Support-Services, dazu Lösungen, die mehrere Dienste kombinieren, zum Beispiel die weltweite Bereitstellung von Inhalten mit AWS. (2), (5), (6)

Google

Auch Google erkannte von Anfang an die Chancen der Cloud. Apps wie Google Mail, Texte & Tabellen oder Groups lassen sich schon immer nur als Service über das Netz nutzen. Mit Produkten wie Google Apps for Business, Google Enterprise Search, Google Earth und Maps für Unternehmen will Google das Terrain der reinen Suchmaschine verlassen und zum Enterprise-Anbieter, der seinen Kunden hundert Prozent Web bietet, aufsteigen. Mit der Google App Engine werden beispielsweise inzwischen integrierte PaaS- und SaaS-Lösungen angeboten, die neben einer Entwicklungsumgebung, Datenbank und Web Application Hosting umfassen. Darüber hinaus steht Google kurz vor der Einführung eines neuen Speicherdienstes namens ?Drive?, der neben einem volumenbeschränkten kostenfreien Service auch eine gebührenpflichtige Version für größere, virtuelle Datenspeicher vorsieht. (2), (5), (7), (21)

Microsoft

Offenbar nimmt mittlerweile auch Microsoft die Warnungen vom drohenden Ende der klassischen Software-Industrie ernst. Der (noch) größte Software-Hersteller der Welt mit einem Jahresumsatz von zuletzt (Geschäftsjahr 30.06.2011) 69,9 Milliarden US-Dollar (plus 12 Prozent), hat sich darauf eingestellt, dass sich Anwendungen und Dienste immer mehr in die Cloud verlagern werden. Das Geschäft mit Cloud Services entwickelt sich bei Microsoft mit zwei- bis dreistelligen Zuwachsraten. Das klassische Geschäftsmodell, das sich viele Jahre lang dank des Siegeszugs des PC auf sein sprudelndes Lizenzgeschäft mit Windows und Office verlassen konnte, wird immer mehr umgebaut in Richtung Software as a service. Alle Microsoft Produkte werden inzwischen als Services entwickelt und basieren zu hundert Prozent auf einer Cloud-Infrastruktur. Seit Februar 2010 ist das Cloud-Betriebssystem Windows Azure als Cloud Computing Plattform offiziell verfügbar. Unter dem Label Office 365 sind die Produkte Exchange, Sharepoint und Lync als Dienste aus der Cloud verfügbar. Auch Dynamics CRM Online und den Management-Dienst Windows Intune bietet Microsoft als Service an. Die Cloud-Version des ERP-Produkts Dynamics Nav wird noch für dieses Jahr erwartet. (4)

Für Microsoft-Partner werden Umsätze durch Hardware- und Lizenzverträge geringer werden, die

Margen aus dem Lizenzverkauf, die Microsoft an die Partner bezahlt hat, entfallen. Doch sie erhalten eine Provision von Microsoft, wenn sie Office 365 verkaufen. Neue Umsätze entstehen durch Beratungsaufträge und Serviceverträge entstehen. Die Partner sind gefragt, wenn es darum geht, das auf die Bedürfnisse des Kunden optimal zugeschnittene Design des Cloud Computing zu entwickeln und umzusetzen. Dazu müssen die Partner das Know-how beim IT-Fachpersonal aufbauen. Microsoft sieht, dass die Partner mitziehen. Mehr als 5 000 seiner deutschen Partner haben sich für Public Cloud und Cloud-Services qualifiziert. Die deutsche Microsoft-Landesgesellschaft investiert im laufenden Geschäftsjahr 150 Millionen Euro in die Weiterentwicklung des Partnervertriebs. (4)

EMC

Auch EMC setzt bei seinen Wachstumsplänen neben Big Data auf das Cloud Computing und bietet darauf ausgerichtete Hardware- und Softwarelösungen an. Der Storage-Hersteller hat die Architektur seiner Produkte in den vergangenen zwei Jahren bereits so verändert, dass damit Private- und Public-Cloud-Architekturen aufgebaut werden können. Der Hersteller will keine eigenen Online-Services anbieten, die den Partner Konkurrenz machen könnten. Die EMC-Partner können sich bei einem neuen Service-Provider-Programm bei der Konzeption, Implementierung und Vermarktung von Cloud-Diensten unterstützen lassen. So haben sich mittlerweile nicht nur Outsourcing-Dienstleister sondern auch klassische Reseller wie Business Tec oder SIG ergänzend zu ihrem Systemhausgeschäft Kompetenz im Cloud Computing mit EMC aufgebaut. (8)

Orange Business Service (OBS)

Hosting- und Outsourcing-Dienstleister passen ihre Geschäftsstrategien an und stellen ihr Service-Geschäft auf Virtualisierungs- und Cloud-Modelle ein. Ein Beispiel gibt Orange Business Service (OBS), die B2B-Dienstleistungstochter von France Telecom. Um die Virtualisierungs- und Cloud-Strategie umzusetzen, ist OBS mit Cisco, EMC und VMware die Allianz "Flexible 4 Business" eingegangen. Zusammen vermarkten sie Vblocks, das sind große Racks, vollgepackt mit Cisco-Servern und -Switches, EMC-Speicher und Virtualisierungs-Software. (14)

Dell

Dell vStart 200m enthält ein Komplettpaket

bestehend aus Dell-Servern, Massenspeicher, Netzwerk-Komponenten, Rack, Verkabelung, Microsoft Hyper-V und Windows Server 2008 R2 DataCenter Edition. Mit dem Komplettpaket können Unternehmen bis
zu 200 virtuelle Maschinen einrichten. (17)

VMware

VMware hat mit VMware Solutions Exchange einen virtuellen Marktplatz für Virtualisierungs- und Cloud-Computing-Lösungen ans Netz gebracht. (18)

Zahlen & Fakten

Diverse Studien bescheinigen dem Cloud Computing ein rasantes Wachstum in den kommenden Jahren:

Software as a Service (SaaS) erreichte im vergangenen Jahr allein in Deutschland laut Experton Group ein Marktvolumen von 725 Millionen Euro. Bis 2013 werden sich die Umsätze auf 1,7 Milliarden Euro mehr als verdoppeln. (4)

Einer Cisco-Studie zufolge wird Cloud Computing bereits im Jahre 2015 rund ein Drittel des weltweiten Datenaufkommens verursachen. Cloud Traffic wird mit einer jährlichen Wachstumsrate von 66 Prozent auf das Zwölffache ansteigen. 2011 wurden bereits 21 Prozent der im Rahmen der Studie getrackten Workloads in der Cloud verarbeitet, 2014 sollen es dann bereits über 51 Prozent sein. (3)

Das Marktvolumen dürfte im Laufe der kommenden fünf Jahre auf neun Milliarden Dollar steigen, prognostizieren die Autoren einer aktuellen Umfrage im deutschen Mittelstand, Stefan Heng, Senior Economist bei Deutsche Bank Research, und Stefan Neitzel, Analyst bei Techconsult. (19)

Der weltweite Markt ist riesig und wächst rasant, so die Einschätzung der Unternehmensberatung Roland Berger. Von rund 21,5 Milliarden Dollar im Jahre 2010 soll der weltweite Umsatz mit Cloud-Services bis 2015 auf 73 Milliarden Dollar ansteigen. Auf dem Weg dahin könnten - konservativ geschätzt - jährlich 70 000 neue Arbeitsplätze rund um das Cloud-Geschäft entstehen. (20)

Weiterführende Literatur

(1) Cloud Computing - in deutschen Unternehmen kein Thema?
aus GENIOS BranchenWissen Nr. 08/2009 vom

18.08.2009

(2) Cloud Management mit Open-Source-Plattformen
aus - HMD - Praxis der Wirtschaftsinformati, Heft
283/2012, S. 38-48

(3) Cloud-Traffic wird auf das Zwölffache steigen
aus ITBN Nr. 002 vom 23.01.2012 Seite 40

(4) Microsofts Umbau zur Cloud-Service-Company
aus ITBN Nr. 002 vom 23.01.2012 Seite 4

(5) Amazon und Google kommen
aus CIO - IT-Strategie für Manager, Meldung vom
19.12.2011

(6) SAP, IBM, HP, Oracle und Co.
aus ChannelPartner.de, Meldung vom 08.02.2012

(7) Vom Hype zum Wachstumsmotor
aus "it&t-business" Nr. 02/12 vom 10.02.2012 Seite: 26

(8) Wie EMC mit Cloud Computing und Big Data
wachsen will
aus ITBN Nr. 003 vom 06.02.2012 Seite 4

(9) IT-Vertrieb
aus ChannelPartner.de, Meldung vom 27.01.2012

(10) Checkliste Cloud-Readiness
aus CIO - IT-Strategie für Manager, Meldung vom
15.02.2012

(11) Der Mittelstand ist noch nicht von der Cloud
überzeugt

aus Computerwoche, 30.01.2012, Nr. 05

(12) Studie von Techconsult und HP
aus ChannelPartner.de, Meldung vom 27.01.2012

(13) Datenschutz im Cloud Computing
aus ChannelPartner.de, Meldung vom 30.01.2012

(14) Strategie von Orange Business Services
aus ChannelPartner.de, Meldung vom 30.01.2012

(15) Heitere Aussichten für Start-ups in der Wolke
aus Computerwoche, 30.01.2012, Nr. 05

(16) iPhone, Android und Co. absichern
aus ChannelPartner.de, Meldung vom 30.01.2012

(17) Private Cloud mit bis zu 200 virtuellen Maschinen
aus ChannelPartner.de, Meldung vom 31.01.2012

(18) Für Virtualisierung und Cloud Computing
aus ChannelPartner.de, Meldung vom 30.01.2012

(19) Deutsche Bank und Techconsult
aus ChannelPartner.de, Meldung vom 30.01.2012

(20) Studie von Roland Berger
aus CIO - IT-Strategie für Manager, Meldung vom
27.01.2012

(21) Google will Anbietern von Online-Festplatten
Konkurrenz machen
aus COMPUTER-INFORMATIONS-DIENST vom
15.Februar 2012

Impressum

Cloud Computing - Ein Hype auf dem Weg zur Umsetzung

Bibliografische Information der deutschen Nationalbibliothek

Die Deutsche Nationalbibliothek verzeichnet diese Publikation in der deutschen Nationalbibliografie; detaillierte bibliografische Daten sind im Internet über http://dnb.d-nb.de abrufbar.

ISBN: 978-3-7379-2857-1

© 2015 GBI-Genios Deutsche Wirtschaftsdatenbank GmbH, Freischützstraße 96, 81927 München, www.genios.de

oder ähnliche Einrichtungen und die Einspeicherung und Verarbeitung in elektronischen Systemen.